AF234265

LA CRÉATION DU MONDE,

ORATORIO,

EN TROIS PARTIES,

TRADUIT DE L'ALLEMAND;

Mis en vers français, par JOSEPH A. SÉGUR;

MUSIQUE D'HAYDN,

Arrangée pour être exécutée au THÉATRE DES ARTS,
par D. STEIBELT.

PRIX : 1 fr. 25 c.

A PARIS,

Chez BALLARD, Imprimeur du Théâtre des Arts, rue des
Mathurins-Jacques, n°. 328.

AN IX DE LA RÉPUBLIQUE.

ON essaierait vainement de donner à qui n'a jamais parodié, même une faible idée de ce travail ingrat.

Pourquoi donc l'ai-je entrepris ? Pour faire connaître à mon pays la plus brillante composition d'Haydn.

Il est inutile de dire qu'on s'est asservi rigoureusement à la marche du Poëte allemand, quoiqu'infiniment peu favorable, par la répétition des mêmes tours, des mêmes images, et des mêmes expressions.

De plus, soumis à la phrase musicale, il a fallu forcement employer plusieurs rimes masculines de suite, ce qui choque les règles, et nuit à l'harmonie. Au reste, en demandant l'indulgence du public, je n'ai qu'une espérance, c'est que l'on sera trop occupé de la beauté de la Musique, pour songer à la faiblesse du poëme.

ARTISTES CHANTANS.

URIEL,	C.^{en} GARAT.
GABRIEL,	Mme VALBONNE.
RAPHAEL,	C.^{en} CHÉRON.
ADAM,	C.^{en} CHÉRON.
EVE,	Mme VALBONNE.

CHŒURS.

L'introduction peint le Chaos.

Exécuté au Théâtre des Arts, le 3 Nivôse, an 9,
sous la Direction du C.^{en} DEVISMES.

LA

LA CRÉATION DU MONDE.

PREMIERE PARTIE.

RAPHAEL.

(*RÉCITATIF.*)

Dieu tira du néant et le Ciel et la Terre :
La Terre, masse informe, à ses regards parut ;
Un voile ténébreux la couvroit toute entière.

CHŒUR.

Dans cette vaste nuit, planant sur la matière,
Dieu voulut la lumière, et la lumière fut !

URIEL.

(*RÉCITATIF.*)

Il dit, en embrassant l'espace :
« Ténèbres, fuyez ;
» Feux du jour, brillez ».

AIR et CHŒUR.

URIEL.

L'ombre aussi-tôt se dissipe et s'efface,
L'épaisse obscurité s'enfuit,

A

Et le premier jour luit.

L'ordre obéit à l'éternelle voix :

Tout suit ses loix.

Les noirs esprits que son pouvoir détruit,

A l'aspect du jour qui les chasse,

Tombent plongés dans la profonde nuit.

C H Œ U R.

L'étonnement, la rage

Sont leur partage,

Dans leurs cachots.

Quel prodige !... le monde éclos (1)

Sort du chaos !

R A P H A E L.

(*R É C I T A T I F.*)

L'azur d'un voile radieux

S'étend, sous une main puissante :

Le globe est couronné par la voûte éclatante

Des vastes cieux.

Les vents affreux à l'instant mugissent ;

Les nuages légers à leur souffle obéissent;

---

(1) O sagesse ! ta parole
Fit éclore l'Univers.
R A C I N E.

(3)

Les rapides éclairs jaillissent,
La foudre éclate et déchire les cieux :
L'onde en vapeurs verse, en tous lieux,
Sur la terre fertilisée,
Les doux tributs de la rosée.

GABRIEL.

(*AIR et CHŒUR.*)

Surprise d'un pouvoir si grand,
Des esprits, la troupe inclinée
Chante, en l'admirant,
La seconde journée
Et la grandeur
De l'éternel auteur.

CHŒUR.

Chantons la seconde journée
Et la grandeur, etc.

RAPHAEL.

(*RÉCITATIF.*)

Dieu pressa, d'un bras impérieux,
Dans des lits spacieux,
Les eaux, errantes sous les cieux.

La terre alors vit les flots l'entourer
Et la parer.
Sous son joug, indocile et mutinée,
La mer se courrouça, frémit,
Mais obéit,
Par la main d'un maître, enchaînée.

A I R.

L'onde mugit dans l'abîme,
Bouillonne, en s'y précipitant ;
Les rochers montrent leur cîme ;
Des monts, la chaîne au loin s'étend.
De leurs sommets, mille sources versées
Tombent, pressées :
Le fleuve se promène, agrandi dans son cours,
Et serpente, en longs détours :
Un ruisseau, paisible et lent,
Entre les fleurs, fuit mollement :
Son eau pure,
Qui murmure,
Sous les bois frais,
Roule en paix.

(5)

GABRIEL.

(*RÉCITATIF*).

L'Être dit aux végétaux nombreux :

» Paraissez », et bientôt la terre

Reçut dans ses flancs généreux,

Tous les germes heureux

De ces fruits bienfaisans, de ces fruits faits pour plaire

Au goût, aux yeux.

AIR.

La terre étale ses attraits :

Son sein produit un gazon frais ;

En tous lieux, elle est embellie

Du doux éclat de ses bienfaits.

Un air pur caresse les fleurs

Et répand leurs odeurs :

L'arbre plie,

Sous ses fruits enchanteurs.

Ici, les bois sont en voûte inclinés ;

Là, de forêts, les monts sont couronnés.

URIEL.

(*RÉCITATIF.*)

Les chœurs brillans des Archanges,

A leur tour,

(6)

Du troisième jour
Chantent les louanges.

C H Œ U R.

Prenons la lyre !
Qu'un saint délire
Et nous enflamme et nous inspire !
Que notre encens s'élève aux cieux !
Chantons, d'un Dieu, le pouvoir glorieux !
Porté par nos voix, nos concerts,
Son nom doit remplir l'Univers.

U R I E L.

(R É C I T A T I F).

Il dit : « de feux sans nombre,
» Que le ciel soit peuplé :
» Ces feux éclateront dans l'ombre,
» Vainqueurs de la nuit sombre.
» D'un cours réglé,
» Qu'ils marquent les années,
» Et tour-à-tour,
» La fuite et le retour
» Des saisons, des mois, des journées ».

Un astre immense et radieux
Monte au trône des cieux.
Magnifique, il s'avance,
Comme un époux aimé (2),
Comme un géant armé.

Tranquille et doux, dans l'ombre et le silence,
L'astre du soir lève un front argenté :
Mille flambeaux, de leur clarté,
Ornent, des nuits, la sombre majesté.

Un Chœur céleste chante
Le quatrième jour ;
Et célèbre, avec amour,
De Dieu, la puissance éclatante.

---

(2) Il prend sa course, il s'avance
Comme un superbe géant.
ROUSSEAU.

Comme un époux glorieux
Qui, dès l'aube matinale,
De sa couche nuptiale,
Sort brillant et radieux.
Idem.

CHŒUR.

La Terre et le Ciel
Sont pleins de tes ouvrages;
Etre immortel !
Ton règne est éternel.

TRIO.

(GABRIEL, URIEL, RAPHAEL.)

Le jour le répète au jour qui le suit :
La nuit, en fuyant, le dit à la nuit.

CHŒUR.

La Terre et le Ciel
Sont pleins, etc.

(GABRIEL, URIEL, RAPHAEL.)

Dans un Chœur solemnel,
Offrons-lui nos hommages;
Chantons l'Éternel.

CHŒUR.

La Terre et le Ciel, etc.

Fin de la première partie.

DEUXIÈME

DEUXIÈME PARTIE.

GABRIEL.

(*RÉCITATIF.*)

Dieu parle, et d'habitans nombreux
L'onde est peuplée :
La troupe aîlée
Est aussi rassemblée,
Éclate en sons mélodieux,
Et vole, appellée
Pour animer les cieux.

AIR.

Soudain, l'aigle imposante et fière
Prend son essor, fend l'air agité,
Et brave, en s'élevant, l'astre de la lumière,
Dont son œil soutient la clarté.
De ses concerts,
L'oiseau charme les airs.
Le doux ramier, plein de ses feux,
Les chante, en sons amoureux.

Du rossignol, la douce voix
Remplit d'accords brillans les vallons et les bois ;
Tout sourit encore à ses desirs :
Il ne sait chanter que ses plaisirs :
Hélas ! croyoit-il, un jour,
Gémir d'amour ?

R A P H A E L.
(*R É C I T A T I F.*)

Dieu, rassemblant en sa présence
Tous les êtres, chers à ses yeux,
Il leur dit, dans sa bienfaisance,
En étendant la main sur eux :

A I R.

« Aimez, multipliez, croissez !
» Qu'à ma voix tout réponde :
» Famille des airs, soyez féconde ;
» Vous, peuple des eaux, remplissez
» Les profondeurs de l'onde :
» Sur l'Univers,
» Toujours mes yeux seront ouverts ».

R É C I T A T I F.

Chœurs du divin séjour,
Vous qu'un saint zèle anime,

Chantez l'œuvre sublime
Du cinquième jour.

T R I O.

Des monts, des côteaux verds,
Le front perce les airs :
De purs et clairs ruisseaux
Jaillissent de leurs veines,
Et s'égarant dans les plaines,
Arrosent les fleurs, de leurs eaux.
L'essaim de mille oiseaux,
De leurs races nouvelles,
Couvre tous les rameaux ;
Le jour étincelant
Ajoute aux couleurs de leurs aîles,
Un feu plus vif et plus brillant.

R A P H A E L.

L'éclat de l'habitant des eaux,
Dore,
Embellit, colore
Le sein des flots.
De leurs gouffres déserts,

Les monstres des mers
Remontent sur les flots amers.

G A B R I E L.

Quelle sagesse, ô Dieu ! préside à tes desseins,
Aux œuvres de tes mains !
Adorons, chantons en chœur,
Ta gloire et ta grandeur.

R A P H A E L.
(*R É C I T A T I F.*)

» A ma voix, naissez animaux divers :
» Quadrupède, insecte, reptile !
» Enfante-les, Terre fertile »,
Dit le maître de l'Univers.

La Terre, à cet ordre puissant,
Ouvre son sein obéissant,
Et soudain voit paraître,
D'animaux un peuple naissant.
Le lion rugissant
Marche et s'avance en maître ;
Le tigre ardent s'élance, avec rapidité ;
Le cerf léger accourt, tout fier de sa beauté.

Plein d'une grace sauvage (3),
Libre encor d'esclavage,
Bondit le coursier indompté.
Dans la prairie,
Les troupeaux égarés
S'empressent d'essayer la vie;
De toutes parts, attirés
Par l'herbe odorante et fleurie,
Les premiers dons des champs leur sont livrés.
Les insectes, pareils à la poussière,
Semblent cacher la lumière;
Tandis qu'en rampant,
Se traîne sur la terre,
Le serpent.

Des mains de Dieu, brillant prodige,
Le monde est né, paré de son premier printems;
L'oiseau, dans l'air, joue et voltige;
L'onde a reçu ses muets habitans;
Le peuple immense des troupeaux
Charge la plaine et les côteaux;

____

(3) Et sa grace sauvage.
DE LILLE.

(14)

Mais à tous ces êtres divers,
Il manquoit encor dans l'Univers
L'Être pensant,
Reconnoissant
Des dons de ce Dieu bienfaisant.

U R I E L.
(*RÉCITATIF.*)

Dieu fit à son image
Son plus bel ouvrage ;
Sa volonté, d'un souffle anima
L'homme et la femme qu'il forma.
Il voulut leur donner une ame :
D'un rayon de sa flamme,
Une étincelle l'alluma.

A. I R.

Brillant de grace et de beauté,
Contemplant d'un œil enchanté
Des cieux, la voûte immense,
L'homme, en roi, paroît, s'avance,
Avec fierté.
Il lève un front majestueux,
Et dans les éclairs de ses yeux,

(15)

Le génie étincelle ;
Présent d'un Dieu ;
Son ame y brille, en traits de feu.
Pour charmer le sort qui l'attend,
De lui, pour lui, naît à l'instant,
Sa compagne fidèle.
Son cœur innocent, timide et doux,
A l'aspect de son époux,
S'agite... et son regard l'appelle.

(*RÉCITATIF.*)

Dieu voit du haut des cieux
Son œuvre accomplie :
L'Univers plaît à ses yeux ;
Et du sixième jour, une sainte harmonie,
Par des chants nouveaux,
Célèbre aussi les travaux.

CHŒUR.

Il est fini, l'œuvre éclatant !
Et Dieu le voit d'un œil content.
Livrons-nous à nos saints transports ;
Faisons retentir nos accords.

PRIÈRE.

Grand Dieu ! sur toi sont tous les yeux :
La terre attend les dons des cieux ;
Accorde lui toujours
Ta grace et tes secours.
L'homme, privé de ton regard,
Marche victime du hasard ;
Tremblant,
Chancelant,
Perdu... la mort l'attend.

CHŒUR.

Ressent-il ton souffle divin ?
Son œil, au jour, s'ouvre soudain :
La Terre, à ta volonté,
Retrouve sa beauté.

Il est fini l'œuvre éclatant ;
Et Dieu le voit, etc. etc.

Quelle magnificence !
Dieu seul est grand par sa puissance !
Gloire en tous lieux
Au roi des cieux !

Fin de la deuxième partie.

TROISIÈME

TROISIÈME PARTIE.

URIEL.

RÉCITATIF OBLIGÉ.

Dans des flots de pourpre et d'azur,
Naît le matin, jeune, brillant et pur ;
Du ciel, bientôt descendent,
En mille accens flatteurs,
Des sons enchanteurs.

Voyez ce couple heureux
S'enlaçant d'un bras amoureux !
Vers celui qui forma leurs nœuds,
Leurs innocentes mains s'étendent ;
Leurs ames qui s'entendent,
Vont bénir le maître des cieux.

A leurs tendres accens,
Mêlons aussi nos chants.

ADAM et EVE.

DUO.

O Dieu puissant ! tes dons nombreux,
Par-tout charment nos yeux !

C

Le ciel, la terre, en leur beauté,
Attestent ta bonté.

C H Œ U R.

De Dieu, que le nom soit chanté !
Qu'il remplisse l'éternité !

A D A M.

Salut ! ô toi, du jour naissant,
Étoile, avant-courière !
Et toi, Soleil, de la lumière,
Foyer resplendissant,
Proclame en ton cours glorieux,
Le Dieu qui fit briller tes feux !

E V E.

Et toi, dont les rayons heureux
Percent la nuit profonde ;
Et vous, flambeaux des cieux,
Par-tout faites voir
D'un Dieu le vaste pouvoir !
Et vous, du monde
Élémens réunis et divers,
Moteurs de l'Univers ;

Et vous, au gré des vents,
Dans les airs, flottans,
Nuages éclatans ;

E v e et A d a m.

De Dieu, racontez à jamais,
Et le pouvoir et les bienfaits !

E v e.

Ruisseau si doux,
Redis sa gloire !
Arbres, inclinez-vous !
Encens des fleurs, monte, en mémoire
D'un Dieu puissant,
Bienfaisant !

Vous qui peuplez les monts déserts,
Et vous, l'humble poussière ;
Vous qui vivez au sein des airs,
Et vous, dans l'onde amère,
Vous nous montrez le Dieu puissant
Qui créa cet ouvrage imposant :
Quel enchantement ! . . . . . .

(20)

ADAM.

Montagnes, vallons, épais ombrages,
De Dieu, naissans ouvrages,
Le jour, la nuit, nos saints concerts
Vont remplir tous vos déserts.

CHŒUR.

Gloire à ce Dieu !
Gloire en tout lieu !
Au Soleil, sa voix
Dicta des lois.
L'homme, ô Dieu si grand !
Doit te bénir à tout moment,
Et respirer,
Pour t'adorer.

ADAM.
(RÉCITATIF.)

Nos cœurs émus, reconnaissans,
Ont offert à Dieu leur encens.
Viens, d'un époux compagne ravissante,
Viens ; chaque pas, à nos desirs
Promet de nouveaux plaisirs.

Tes yeux, charmés par-tout d'un spectacle enchanteur,
Connaîtront ce qu'un Dieu réserve à ton bonheur.

Notre ame, notre cœur
Sont un don de sa main puissante.
Accours; viens dans mes bras;
Je veux guider tes pas.

E v e.

Seul bien de mon ame empressée,
Mon appui, mon bonheur, ma pensée,
Tes desirs sont ma loi;
Règne à jamais sur moi.
Je prends sans peine,
Ta douce chaîne;
Oui, ma gloire est d'être à toi.

D u o.

A d a m.

Par ton charme, tendre amie,
Les momens semblent voler.
Tu me fais chérir la vie;
Quel nuage peut la troubler?

E v e.

Toi, mon ame, toi, ma vie,
Dans tes bras j'aime à voler !
Oui, tu charmes ton amie ;
Quel nuage peut la troubler ?

A d a m.

Que j'aime l'aurore !
Ah ! sens-tu sa fraîcheur ?

E v e.

Le soir est encore
Plus doux, plus flatteur.

A d a m.

Quels doux parfums ! ô fruits délicieux !

E v e.

Aimables fleurs, vous enchantez mes yeux !

A d a m.

Seul, de quel prix seraient pour moi
Ce matin, si frais,
Ces fruits pleins d'attraits ?

E v e.

Mais de quel prix seraient sans toi,
L'éclat d'une fleur,
Le soir, sa fraîcheur?

E n s e m b l e.

Objet de ma vive tendresse,
Tu fais tressaillir mon cœur!
Par toi, mon ame est dans l'ivresse!
Sois toujours mon bonheur.

U r i e l.

Couple heureux!... et pour jamais heureux!
Si vous vous défiez d'un infidèle guide,
Si vous savez de vos vœux,
Borner l'essor
Encor
Timide
Et réprimer l'espoir
D'un vain savoir!

C h œ u r.

Qu'un saint zèle nous anime!
Mêlons nos voix! qu'un chœur sublime,

Par des chants rivaux,

Exprime

De Dieu, la gloire et les travaux !

Qu'il soit toujours l'objet de nos accens !

Chantons son nom, vainqueur des tems !

F I N.